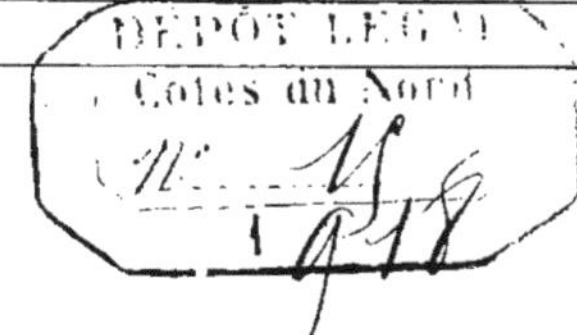

ALLOCUTION

PRONONCÉE

EN L'ÉGLISE PAROISSIALE DE BONEN

A L'OCCASION DU MARIAGE

DE

Monsieur JOSEPH LE VELLY

AVEC

Mademoiselle MARIE-PHILOMÈNE CADORET

par M. l'Abbé CADRE

Recteur de Bonen

LE 28 NOVEMBRE 1917

ALLOCUTION

EN L'ÉGLISE PAROISSIALE DE BONEN

A L'OCCASION DU MARIAGE

DE

Monsieur JOSEPH LE VELLY

AVEC

Mademoiselle MARIE-PHILOMÈNE CADORET

par M. l'Abbé CADRE

Recteur de Bonen

LE 28 NOVEMBRE 1917

Mes chers Amis,

Tous ici-bas nous cherchons le bonheur ; c'est le
but de notre vie. L'enfance, l'adolescence, la jeunesse,
chaque âge a ses aspirations particulières, et tous,
nous rêvons une heureuse vieillesse.

Jusqu'ici, vous avez été bien partagés, et, malgré
les quelques ombres qui se trouvent toujours au
tableau de la vie, on peut dire que votre route a été
en quelque sorte parsemée de roses.

A vous surtout, Ma chère Enfant, je puis parler en
connaissance de cause ; je vous ai vue grandir ; vous
étiez toute jeune, quand (il y a de cela dix-sept ans) je
fus chargé de la direction de la paroisse de Bonen.

Je vous ai donc vue monter le chemin de la vie. La
vie, nous le savons tous, est une ascension et le temps
un ascenseur. L'enfance en est le premier pallier.
C'est l'aurore de la vie, c'est la fleur en bourgeon.

Cette fleur, nous l'avons vue éclore, s'épanouir à l'ombre des chênes de Ker-Sioul, à l'ombre de notre vieille église où vous avez passé des heures si douces, en tête à tête, avec l'Hôte divin de nos sanctuaires.

C'étaient les jours de l'enfance, avec ses joies enfantines, ses succès au catéchisme, où, fleur déjà brillante, vous étiez, pour les autres, une vraie lumière. Déjà vous chantiez, et vous chantiez bien. Je fondais sur vous des espérances ; je n'ai pas été déçu.

Et puis, vous avez monté l'échelle de la vie, sans vous en apercevoir ; la vie est si douce auprès d'un père, d'une mère, d'un frère et d'une sœur qui vous aiment tendrement. Ce frère bien-aimé, qui était pour moi un autre Lazare, est malheureusement absent. Victime de la guerre, depuis bien longtemps déjà, il est exilé au pays des Germains. Notre joie, sans cela, eût été complète.

Vous viviez ensemble, cachés, mais unis et heureux. Vous aimiez à prier ensemble, matin et soir, à travailler ensemble sous le regard de Dieu ; et Dieu qui aime les humbles résidait à votre foyer ; que dis-je, Il en était le roi. Il en était la vie. C'est le foyer du temps passé. Sa dignité et sa félicité ne feront-ils pas envie à la famille d'aujourd'hui ?

C'était la vie douce, calme, parfois joyeuse ; pour vous c'était un peu la vie de l'imagination, des rêves dorés, des beaux horizons. C'est ainsi que Dieu, dans sa bonté, donne à chaque âge l'aliment qui lui convient. C'était la belle vie. Et nous aimions à vous entendre chanter à l'Eglise où vous faisiez l'admiration de tous. Vous chantiez les louanges de Dieu, vous chantiez aussi, muse douce et reposante, toujours inspirée par un souffle religieux, vous chantiez notre pays de Bretagne :

> O pegen kaer out, ma Breiz-Izel,
> Gant da zaonennou gouaskedet,
> Gant da veneou soun hag uhel
> Karget a reier morgousket !

Vous chantiez les monts, les bois et les vallons de notre vieille Cornouaille et les us et coutumes de nos pères, sans oublier notre toute petite patrie, vous chantiez Bonen :

> Traouien dispar, parouz zantel,
> Te eo perlezen Breiz-Izel,

le Bôt-Tan, que domine, inébranlable, la croix du

Christ ; le champ des morts où dorment nos aïeux ;
le grand canal qui encercle notre bourg comme d'une
ceinture d'argent.

Puisse cette voix *(Mouez Meneou Kerne)* pleine de
foi et d'espérance, retentir dans toute la Bretagne et
réveiller notre pays si chrétien jadis et dont la foi
semble vouloir s'endormir.

Et vous aussi, Mon cher Ami, je vous connais depuis
nombre d'années. Et vous aussi, vous êtes l'enfant
d'une famille vraiment chrétienne. Elevé par une mère
bonne et pieuse, vous avez respiré de bonne heure
l'odeur de toutes les vertus qui font les hommes, qui
font les chrétiens. Et vous aussi, vous avez grandi à
l'ombre du sanctuaire, et désormais la maison de
Dieu semble devoir être aussi la vôtre. Vous vivrez
côte à côte avec Lui. Il aime, ne l'oubliez pas, les
âmes pures, les âmes simples et droites, et les comble
de ses bienfaits.

A vous non plus, les muses ne sont pas étrangères.
Bien souvent vous avez enrichi de vos charmantes
poésies, les colonnes de *Kroaz ar Vretoned* qui,
hier encore, faisait votre éloge et vous inscrivait
au tableau d'honneur des Bardes Bretons. Désor-

mais vos cœurs battront à l'unisson, et vos deux lyres, dans un accord parfait, chanteront la même chanson.

Aujourd'hui, Mes chers Amis, va commencer pour vous une nouvelle vie. Dieu vous a portés insensiblement au lieu des pures réalités. La vision terrestre pour vous a changé d'aspect. Soyez sans inquiétude. Dieu continuera à vous diriger. En aplanissant les difficultés, c'est lui qui vous a préparé la voie.

Rien ne peut arriver qu'un Dieu bon ne le veuille

Soyez-lui fidèles et vous serez heureux.

Le bonheur que convoite le monde est bien fugitif ; c'est un mirage trompeur ; c'est l'oiseau qui toujours s'envole. Le monde ne rêve que grandeurs, honneurs, plaisirs ! Hélas !

Ni l'or, ni la grandeur ne nous rendent heureux,

nous dit le poète.

N'ho pet ket a invi, *ajoute à son tour le Barde breton*,
Euz itron na dimezel enn eur 'zal o c'hoenvi :
Eur galon iac'h ha dibec'h eo ar c'haëra tensor,
Ha gant neubet a leve o ver drant ha didor.

Le bonheur, vous le trouverez dans le sacrifice, dans l'obéissance à la voix de la conscience qui n'est autre que la voix de Dieu. Bienheureux ceux qui souffrent, nous dit Notre-Seigneur. La croix, ajoute le bon Curé d'Ars, sue le baume et transpire la douceur. Dans les âmes, en effet, comme dans les champs, les fleurs les plus belles puisent leur sève aux racines les plus amères. Il faut, ne l'oublions pas, vivre irréprochable pour pouvoir vivre satisfait. Or, on ne vit pas irréprochable sans qu'il en coûte. La joie n'est au sommet que lorsque le sacrifice est à la base.

C'est pourquoi le sacrifice se rencontre à l'origine même de la famille : « Dans le mariage, en effet, il y a autre chose qu'un simple contrat », a dit un penseur chrétien, « il y a un sacrifice ou mieux deux sacrifices ».

Pour que l'union soit sainte et que le ciel la bénisse, les sacrificateurs, c'est-à-dire les époux, doivent tenir en mains deux corbeilles de fleurs également pleines. Dieu l'a voulu ainsi : pour recevoir il faut donner ; donner autant que l'on reçoit et donner sans mesure.

Donnez-vous donc, Mes chers Amis, donnez-vous l'un à l'autre dans l'abnégation. Sachez que vous aurez à vous oublier l'un pour l'autre, à vous immoler l'un à l'autre, dans vos goûts, dans vos souffrances, dans vos contrariétés, dans vos déceptions, dans vos habitudes. Vous devrez chercher votre contentement dans le contentement de l'autre ; vous ne ferez qu'un dans une union indissoluble ; vous devrez donc mettre tout en commun : et vos biens, et vos sentiments, et vos épreuves, et vos plaisirs, et vos espoirs. Ainsi votre amour se maintiendra dans l'ordre, grandira dans l'effort et s'épanouira dans le respect réciproque fondé sur le respect de la loi divine.

« Unissons-nous d'abord à Dieu, disait le jeune Tobie, — Tob. VIII, 4 — puis nous nous unirons l'un à l'autre. »

Si l'on rencontre tant d'unions malheureuses où l'amour juré éternel, a pourtant été si court, n'est-ce point parce que Dieu en a été exclu, et avec Lui les saintes énergies du sacrifice, les pacifiantes abnégations du devoir ? Dieu, ne l'oubliez pas, est l'auteur de toute joie. Tout édifice où Dieu n'a pas mis la main n'est qu'une ruine commencée. C'est un enfer anticipé où, comme dans celui de Milton, l'on ne découvre de toute part que « des horizons de douleurs ; régions de chagrins où ne peuvent habiter ni repos, ni paix ». (Paradis perdu, 1-64-65).

Mes chers Amis, unissez-vous donc à Dieu d'abord, cette union avec Dieu sera la garantie de l'union réciproque ; elle sera pour vous un gage de bonheur.

Celui-là est heureux qui est bien avec Dieu,
Dinec'h a vev hag a varv, nep en eus gras Doue.

Mon cher Ami, dans les perspectives de la vie, bien souvent, sans doute, vous avez rêvé d'une épouse idéale. La Providence a comblé vos désirs et je vous invite à rendre grâce à Dieu qui vous offre, en celle qui se tient à vos côtés, la femme pieuse et aimable, intelligente et sérieuse, qu'appelaient vos prières et vos vœux.

Je l'ai suivie d'un affectueux intérêt, depuis l'aurore de sa vie. De ses parents vénérés, elle a reçu, dans l'atmosphère d'une affection sans égale, les enseignements et les exemples convaincants d'une franche et solide piété. Au contact de sa vénérable grand'mère, morte il y a quelques années seulement à un âge très avancé, elle vivait des souvenirs du passé si féconds en exemples de foi, et si propres à façonner son âme aux secrètes industries de la sagesse ; toujours bonne conseillère, prête à chérir et à donner. Enfin, Mon cher Ami, c'est dans l'intimité d'une sœur et d'un frère adorés, en qui la douce gaieté rivalisait avec les sentiments et les tendresses du cœur, que Dieu a voulu parfaire les qualités heureuses de votre fiancée.

Ma chère Enfant, la Providence, qui vous a tant choyée, n'a pas été moins libérale envers votre futur époux.

Dans l'enclos familial, il a respiré, lui aussi, comme je vous l'ai dit tout à l'heure, les fraîches senteurs de la piété et l'air vivifiant des vertus viriles. Sa bonté et sa modestie sont connues de tous. Il sera pour vous un guide sûr, un conseiller prudent, un protecteur dévoué, un fidèle défenseur. Appuyé sur vous, il vous soutiendra ; consolé par vous, il vous consolera ; compris par vous, il vous comprendra. En un mot, à tous deux vous ne ferez qu'un : vous serez la tête, elle sera le cœur ; vous serez la raison, elle le sentiment ; vous serez la force, elle la grâce, l'ornement et la consolation de votre maison. En vous complétant mutuellement, vous compléterez votre bonheur.

Prononcez donc joyeusement les serments solennels qui vous lieront l'un à l'autre pour toujours. Et puisse votre nacelle voguer longtemps sur une mer toujours calme, douce, et aborder, un jour, aux rives du ciel.

C'est le vœu que forme pour vous votre pasteur, c'est le vœu de toute l'assistance; c'est la grâce que tous nous allons demander à Dieu, au Saint Sacrifice de la Messe que je vais célébrer à votre intention.

AINSI SOIT-IL.

A Bonen, le 28 Novembre 1917.

P. CADRE,
Recteur de Bonen.

SAINT-BRIEUC, IMPRIMERIE R. PRUD'HOMME